GRAND QUARTIER GÉNÉRAL DES ARMÉES
DU NORD ET DU NORD-EST

N° 5016/D. T. M. A.

INSTRUCTION

SUR LES DISPOSITIONS À ADOPTER

POUR

L'INSTALLATION DES GARES

OÙ ONT À SÉJOURNER DES PERMISSIONNAIRES

DANS LA ZONE DES ARMÉES

PARIS

IMPRIMERIE NATIONALE

1917

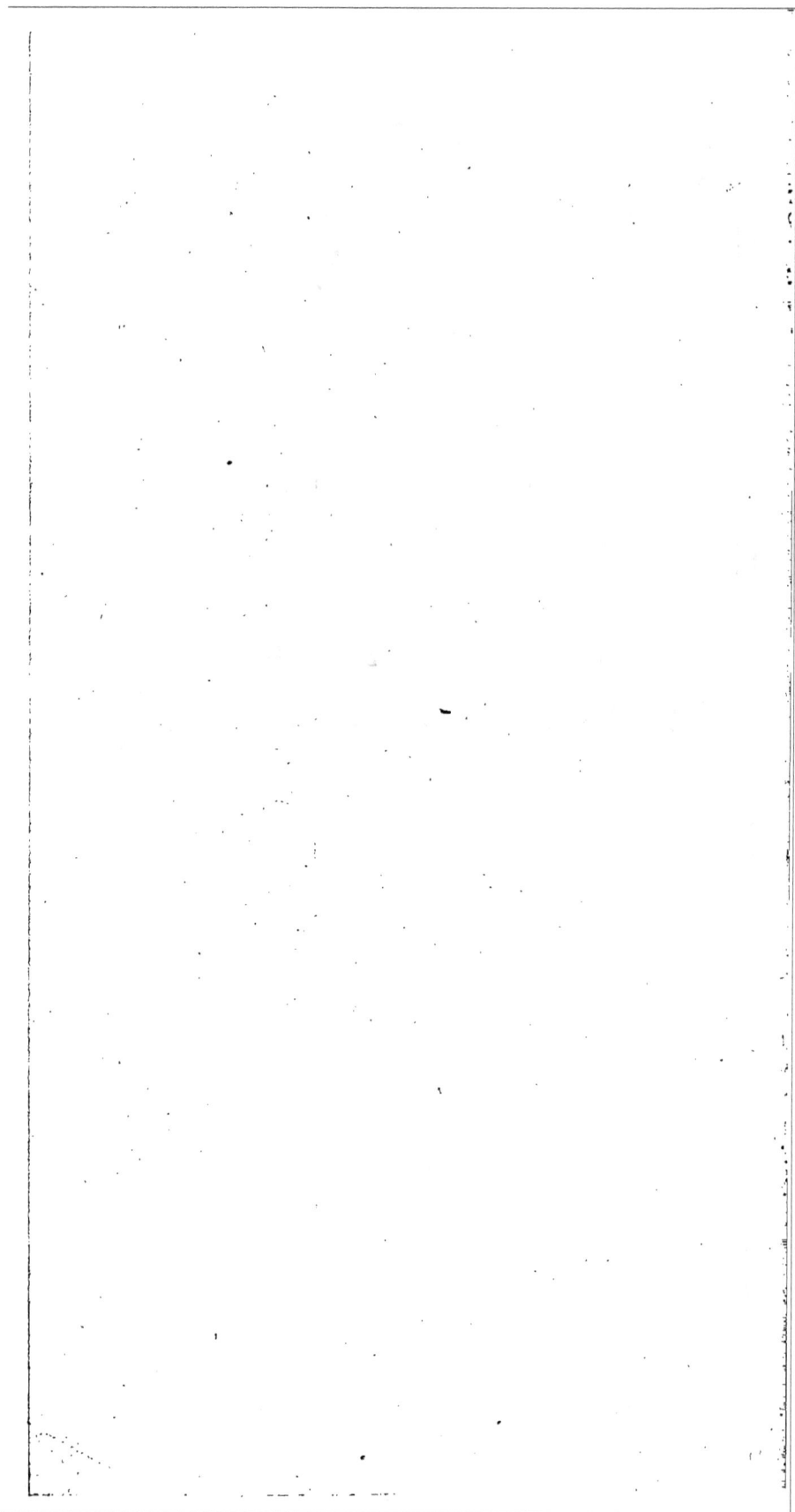

GRAND
QUARTIER GÉNÉRAL
DES ARMÉES DU NORD
ET DU NORD-EST.

8 Juillet 1917.

DIRECTION de L'ARRIÈRE.

5016/D. T. M. A.

INSTRUCTION

SUR LES DISPOSITIONS À ADOPTER

POUR

L'INSTALLATION DES GARES

OÙ ONT À SÉJOURNER DES PERMISSIONNAIRES

DANS LA ZONE DES ARMÉES.

Des événements récents ont mis en évidence la nécessité d'installations d'attente placées sous le contrôle d'autorités militaires responsables disposant de moyens d'encadrement, dans toutes les gares où ont à séjourner des permissionnaires dans la zone des armées.

Il convient également de créer de grandes gares de triage pour le contrôle et l'acheminement des permissionnaires en provenance des diverses zones du front, tant à leur départ qu'à leur retour, partout où cela n'a pas encore été fait.

Avec la prolongation de la guerre, la question des permissions prend une importance de plus en plus grande.

La prolongation du stationnement dans des conditions défectueuses, l'exposition aux mauvaises tentations ou fréquentations, les erreurs de destinations produisent pour les hommes des fatigues inutiles; elles amènent des défaillances morales, qui se traduisent par des actes d'indiscipline; elles sont essentiellement préjudiciables au maintien du bon esprit des troupes.

Il a paru nécessaire de résumer en une note la description du type des diverses installations à adopter dans les différents cas où les permissionnaires ont à stationner dans les gares et dans les camps de triage à créer.

1

INSTALLATIONS DES GARES

DE PERMISSIONNAIRES.

Trois cas sont à envisager :

1° Les gares de « triage », soit au départ, soit au retour.

2° Les gares de bifurcation (stationnement de passage).

3° Les gares d'embarquement initial au départ et de débarquement au retour (en général, gare de ravitaillement des grandes unités).

Les principes dont doivent procéder les installations dans les trois cas sont toujours les mêmes :
Assurer un abri dans des conditions hygiéniques, assurer l'alimentation dans la mesure du besoin, assurer le respect de la discipline.
Le problème se présente dans toute son ampleur pour les gares de triage.
C'est donc ce type dont l'organisation sera exposée en détail ci-après.
Pour les deux autres catégories de gares, on adoptera des réductions du type triage adaptées aux circonstances, aux effectifs et aux conditions locales suivant les indications qui font l'objet des chapitres II et III de la présente note.

CHAPITRE PREMIER.

ORGANISATION DES GARES DE TRIAGE.

A. CONSIDÉRATIONS GÉNÉRALES

Il convient de distinguer les gares de triage au départ et au retour.
Les installations peuvent être dans la même gare ; elles doivent, en tout cas et toujours, être nettement séparées.

Les gares de triage (Départ ou Retour) sont à constituer en deçà de la zone qu'elles sont appelées à desservir.

Leur rapprochement de la zone a toutefois l'avantage de réduire le nombre des permissionnaires descendant ou montant dans la partie de la ligne comprise entre le triage et la zone.

On est, hors de cette considération, absolument maître du choix des emplacements.

Les facteurs qui ont à intervenir dans ce choix sont les suivants :

1° Considérations d'ordre technique au point de vue chemin de fer : existence ou création du faisceau nécessaire, possibilité de diriger les trains sans complications d'itinéraire sur les destinations à desservir.

2° Existence à proximité *immédiate* des voies ferrées des grands espaces libres propices à l'établissement des camps de permissionnaires (nature du sol, eau, etc.).

3° Dans la mesure du possible, écartement des agglomérations civiles.

Les gares de triage devront être indiquées par de très grands écriteaux, lumineux la nuit, portant les mots : GARE DE TRIAGE.

B. GARES DE TRIAGE. — DÉPART.

Une gare de triage (Départ) nécessite les installations énumérées ci-après et sur l'organisation de détail desquelles il sera ensuite fourni au paragraphe D ou dans les annexes, les indications qui sont intéressantes à retenir :

1° Première cour de réception.

2° Organisation de contrôle et d'acheminement (guichets d'admission, guichet dit «de renseignements complémentaires»).

3° Camp des permissionnaires, comprenant :

Abris d'attente avec bancs, tables, étagères et porte-manteaux;

Tableaux d'horaires;

Tableaux d'appel;

Bureau télégraphique; boîte aux lettres;

Cantine, coopérative militaire : comptoir des denrées, comptoir du vin courant, bureau de tabac, journaux;

Installation charitable annexe, formant cantine gratuite;

Abris-réfectoires ;

Lavabos, salles de douches et postes d'eau potable ;

Salon de coiffure ;

Feuillées et urinoirs ;

Four crématoire ;

Organes d'éclairage de nuit :

Éventuellement, salle de distractions ;

Guichets de sortie.

4° Camp du cadre, comprenant :

Infirmerie, salle de visite, salle de pansement, installations d'épouillage et de désinfection (pour les permissionnaires) ;

Locaux disciplinaires : plusieurs petites prisons et quelques cellules (pour les permissionnaires) ;

Bureau du cadre ;

Installations pour le personnel (cadre et garde) ;

Poste de police ;

Pompe à incendie ;

Magasin des engins de nettoyage et du matériel d'entretien des camps.

C. GARES DE TRIAGE. — RETOUR.

Mêmes locaux que pour les gares de triage Aller, le camp du cadre et toutes ses installations pouvant être communs en cas de juxtaposition des gares.

Il faut toutefois développer les installations de contrôle et d'acheminement, qui ont un rôle bien plus complexe, et ajouter aux abris d'attente de véritables locaux de couchage.

D. DESCRIPTION DES INSTALLATIONS.

Au cours des divers paragraphes de cette partie sont indiquées les dimensions que l'expérience semble établir comme convenant pour un camp de 10,000 permissionnaires en transit.

Tous les chiffres donnés sont, par suite, à réduire ou à augmenter au prorata de l'importance des camps à créer.

Superficie.

La superficie totale d'un camp de 10,000 permissionnaires ne doit pas être de moins de 4 hectares (carré d'environ 200 mètres de côté).

On devra tendre à se rapprocher de cette superficie. Le grand carré est préférable à toute autre forme.

Le camp sera sérieusement clos, — treillage grillagé surmonté de fils de fer barbelés. Il y a intérêt à utiliser le plus possible les baraques elles-mêmes pour former clôture; la vue de la clôture provoque la mauvaise humeur des hommes, qui se traduit par des dégâts.

Première cour de réception.

Il est intéressant de ne faire entrer les permissionnaires dans le camp proprement dit qu'une fois leur situation débrouillée et régularisée.

Il y a lieu, en conséquence, de prévoir l'établissement intermédiaire d'une première cour dite «de réception» entre les voies ferrées et le camp.

De cette première cour, le flot de chaque train s'écoulera dans le camp par l'intermédiaire des installations de contrôle et d'acheminement.

De l'avis unanime, il faut à un personnel dressé marchant à 10 ou 12 guichets pour le retour et à 6 ou 8 pour l'aller, une demi-heure pour donner les destinations d'un train normal de 1,000 à 1,200 hommes.

Le séjour dans la cour de réception sera donc bref; son existence empêche les permissionnaires de «se défiler dans le camp» pour y prolonger illicitement leur séjour.

La création de cet organe permet en outre, comme il sera exposé à l'annexe A, de régulariser et limiter l'importante affaire de la vente du vin.

La cour de réception sera munie, du côté *voies*, de larges barrières mobiles pour «l'engouffrement» des hommes sortant du train, derrière lesquels elles seront aussitôt refermées. Elle sera naturellement bien close et comportera un premier groupe de feuillées et urinoirs.

Des abris ouverts seront disposés de part et d'autre des guichets pour le cas de pluie.

La capacité de la cour répondra au contenu du nombre de trains dont il y a lieu de prévoir, au pis aller, l'arrivée simultanée à raison de 4,000 mètres carrés environ par train.

Installations de contrôle et d'acheminement.

Ces installations sont l'intermédiaire indiqué entre la cour de réception et le camp proprement dit; leur rôle est primordial.

Elles comportent des baraques dont le centre est occupé par le personnel de pointeurs, les permissionnaires défilant dans les corridors latéraux.

Ci-dessous, schéma d'un dispositif :

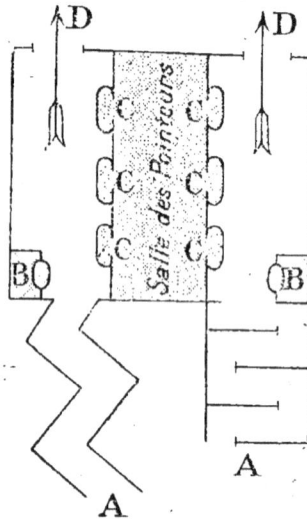

A. Chicanes d'accès (genre Métro).

B. Box du timbreur qui met le timbre à date sur toutes les permissions.

C. Guichets de contrôle et d'acheminement (indications du train à prendre et des changements de train sous forme de grands cachets ou d'indications au crayon bleu).

D. Sorties (entrées du camp).

On peut spécialiser par écriteau un côté à l'infanterie, l'autre aux autres armes. Au retour, pour les destinations délicates qui demandent des recherches qui risqueraient de retarder le courant, il sera créé un bureau de renseignements complémentaires situé dans le camp et auquel sont renvoyés les hommes dont la destination n'a pu être débrouillée du premier coup.

Abris d'attente.

Le genre baraques Adrian, ouvertes sur un des grands côtés, constitue un bon type d'abri, de dimensions convenant bien. Pour 10,000 hommes, en sus des installations de couchage et des réfectoires, il faut prévoir 200 mètres d'abris de ce type.

Les abris seront garnis, du côté ouvert, de tables à deux bancs alternant avec des bancs doubles à dossier.

L'espace entre ces tables ou bancs et le fond fermé sera laissé libre.

Un banc sera installé tout le long du fond fermé, surmonté de portemanteaux et d'une planche à colis, placés assez haut pour qu'on ne puisse y avoir accès qu'en se mettant en évidence et en montant sur le banc (sécurité pour les déposants).

Locaux de couchage.

Dans les gares de retour, où des hommes peuvent être appelés à séjourner la nuit, il sera installé des locaux de couchage normaux. L'extension de ces locaux dépendra du nombre d'hommes dont l'hospitalisation est à prévoir et qui dépend lui-même des itinéraires, etc.

Il sera de bonne prudence de prévoir, en tout cas, un minimum de 200 places correspondant à l'effectif de permissionnaires d'une division en déplacement (2 baraques Adrian) par exemple.

A signaler comme moyen de couchage très hygiénique l'emploi des appareils Bry-Amoline, qui existent en grand nombre inutilisés.

Pancartes. Tableaux d'horaires.
Tableaux d'appel.

Toutes les installations seront indiquées par d'immenses pancartes.

Les spécialistes de réclame préconisent comme les plus visibles les lettres blanches sur fond bleu.

Lettres de 1 mètre de haut environ.

Des tableaux d'horaires très lisibles, et tenus à jour, seront affichés en permanence, par exemple sur un kiosque central comprenant autant de faces qu'il y a de destinations.

Les départs seront indiqués par un tableau d'appel, modifiable, genre des tableaux d'annonce des champs de course.

Toutes ces installations (tableaux, pancartes, etc.) seront dotées de moyens d'éclairage puissants, ou mieux, doublés pour la nuit de transparents équivalents.

Bureau télégraphique. Boîtes aux lettres.

Il est utile de mettre un bureau télégraphique dans les camps de départ. L'expérience montre que sur 10,000 partants, 400 télégraphient, ce qui légitime largement le détachement d'un agent des P. T. T.

Des boîtes aux lettres seront placées dans les abris.

Organes d'alimentation.

L'alimentation sera assurée par une coopérative payante, par une installation charitable annexe (boissons hygiéniques et soupe gratuites) et éventuellement, pour les hommes en séjour, par la prise en subsistance à l'une des formations du cadre.

Les seuls types de cantines à admettre sont la coopérative exclusivement militaire (ce qui ne proscrit pas l'emploi de main-d'œuvre féminine), ou la grande cantine d'œuvre charitable vendant à perte, sous contrôle militaire.

Tout autre mode de cantine est à écarter, ou à faire disparaître, comme aboutissant à l'exploitation des soldats au bénéfice d'un commerçant.

Toutes les coopératives créées sont d'ailleurs en pleine prospérité.

A côté des coopératives, une installation charitable genre « Goutte de café » ou « Croix-Rouge » trouvera son utile emploi.

En général, la société charitable fournit le petit matériel, le personnel et certains suppléments. Un complément de ressources en matières peut lui être fourni soit par l'Intendance, ainsi qu'y autorisent plusieurs circulaires, soit sur les bénéfices de la coopérative.

Voir ANNEXE A pour l'organisation de détail des cantines et de la vente, notamment celle du vin courant.

Abris-Réfectoires.

A côté de la cantine et de ses annexes seront placés des abris-réfectoires du type abris ouverts, entièrement garnis de tables à bancs et pourvus de récipients d'eau potable.

Il y a lieu de prévoir 60 mètres d'abris-réfectoires pour un transit de 10,000 hommes.

Lavabos.

Voir ANNEXE B.

Des salles de douches d'un des modèles courants seront également mises à la disposition des hommes, mais il conviendra de prendre des précautions pour éviter qu'elles ne soient utilisées par des hommes avinés ou dont la digestion est en cours.

Il convient de prévoir une installation de 20 places pour un camp de 10,000 hommes.

Salons de coiffure.

Très utiles et très appréciés dans les camps de départ; à doter largement en personnel de coiffeurs, à raison au minimum d'une table de coiffure par 1,000 hommes.

Urinoirs. Feuillées.

Urinoirs, si possible, en ciment avec tout à l'égout.

Le système des latrines à tinettes, malgré tous ses avan-

tages, ne semble pas adoptable pour des installations de
l'importance d'un triage.

Les feuillées seront installées en plusieurs points, sous
les vents dominants.

Il faut prévoir au moins 200 places pour un camp de
10,000 hommes.

Urinoirs et feuillées seront l'objet de désinfection sé-
rieuse après chaque fournée de permissionnaires.

Voir ANNEXE C, pour le détail de l'installation des feuillées.

Four crématoire.

D'un des types courants.

Éclairage de nuit.

Si possible électrique et, en tout cas, avec chapeaux-
masques analogues à ceux des gares; extinction rapide
possible.

Distractions.

Le réfectoire ou l'un des abris peuvent, au besoin, servir
de salle de distractions (cinéma, phonos, jeux, biblio-
thèques, etc.).

Sorties du camp.

Les sorties seront organisées en guichets multiples permettant contrôle et régularisation du courant vers le train
appelé (montrer les permissions au passage).

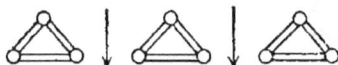

Camp du cadre. Bureaux, etc.

A organiser sur le type normal de ces installations.

Infirmerie. Salle de visite.
Salle de pansement. Installation d'épouillage
et de désinfection.

A organiser sur le type normal de ces installations.

L'expérience montre qu'une dizaine de places d'infirmerie suffisent pour un camp de 10,000 hommes en transit. Tous les malades sérieux sont d'ailleurs à évacuer sans
délai.

Locaux disciplinaires.

Les locaux disciplinaires doivent être placés en dehors du camp et de ses vues.

Ils comporteront de petites prisons à lits de camp pour les hommes avinés, et trois ou quatre cellules pour les énergumènes à isoler. La grande prison commune est tout à fait à écarter.

Magasin d'entretien.

L'installation comportera un dépôt d'engins de nettoyage et de matériaux d'entretien.

Le cadre comportera une équipe d'entretien en fonctionnement permanent.

Pompe à incendie.

Une pompe à incendie sera remisée dans le camp du cadre, qui sera dressé à sa manœuvre.

En outre, des grenades et des extincteurs seront placés dans tous les locaux du camp.

Personnel.

Le cadre d'un camp comportant un transit de 10,000 hommes avec fonctionnement de jour et de nuit semble pouvoir être ainsi fixé :

1 officier commandant,

4 officiers adjoints,

25 gradés et secrétaires pointeurs,

4 infirmiers,

50 hommes du service auxiliaire pour les fonctions diverses (plantons, garçons de coopérative, etc.),

1/2 compagnie d'active pour le service de garde,

1/2 compagnie de territoriaux pour les corvées, manutentions, etc.

Les cadres des troupes participent au service général du camp.

L'emploi de main-d'œuvre féminine, notamment pour les cantines, donne d'excellents résultats.

CHAPITRE II.

GARES DE BIFURCATION.

Dans les gares de bifurcation, il sera créé des abris couverts avec bancs et tables correspondant aux effectifs dont il y a lieu de prévoir le stationnement.

Des abris de couchage peuvent, dans certains cas, leur être adjoints.

Les abris divers seront séparés et spécialisés par destinations finales (écriteaux indicateurs).

Aux abris seront annexés :

Une petite coopérative, pouvant vendre de la bière, mais ne vendant pas de vin,

Un bureau de tabac,

Des postes d'eau potable,

Un poste de «Goutte de café» ou autre société charitable donnant gratuitement des boissons hygiéniques,

Des latrines ou feuillées.

Il a été installé à Saint-Dizier, le long du quai, des récipients à boisson hygiénique, maintenue fraiche par le procédé de la marmite norvégienne.

Cette pratique est recommandable.

Il conviendra de doter les gares de bifurcation d'un personnel constitué suivant les principes exposés au chapitre précédent et dont l'importance sera proportionnée aux effectifs appelés à stationner.

Comme les gares de triage, elles seront munies d'affiches ou de pancartes d'orientation et de renseignement facilement lisibles et dont l'éclairage de nuit devra être assuré.

CHAPITRE III.

GARES D'EMBARQUEMENT

ET DE DÉBARQUEMENT.

L'importance et la nature de ces gares ne permettent pas, en général, d'installations dans les gares mêmes.

Il convient d'ailleurs de remarquer que le stationnement des permissionnaires dans ces gares ne devrait se produire *qu'exceptionnellement* et dans le seul cas de retard des trains de départ.

Il appartient, en effet, aux grandes unités d'organiser l'adduction ou l'enlèvement de leurs permissionnaires pour l'heure des trains, en faisant au besoin appel à leurs convois automobiles (Note n° 4411/D. T. M. A. du 1er juillet 1917).

Néanmoins il sera bon de prévoir, à proximité de la gare, des installations réduites s'inspirant des principes exposés aux chapitres I et II et proportionnées à l'importance du nombre de permissionnaires pouvant stationner.

Ces installations comporteront, en principe : des abris, une petite coopérative mettant les hommes à l'abri de la rapacité des mercantis, des latrines et des postes d'eau potable.

Même observation qu'au chapitre précédent en ce qui concerne le personnel d'encadrement, les affiches ou pancartes d'orientation ou de renseignement.

CHAPITRE IV.

OBSERVATION.

Les indications ci-dessus ne constituent pas un cliché immuable.

Mais elles décrivent un type réunissant ce qui a été trouvé de plus avantageux dans plusieurs organisations déjà existantes et dont il convient de se rapprocher dans les créations nouvelles pour bénéficier de l'expérience acquise.

Il appartient aux intéressés, dans chaque cas particulier, d'adapter le type aux conditions locales au mieux des intérêts généraux.

Signé : PÉTAIN.

Pour ampliation :

*L'Aide-Major Général
chargé de la Direction de l'Arrière
et Directeur
des Transports militaires aux Armées :*

Ch. PAYOT.

PLANCHE II.

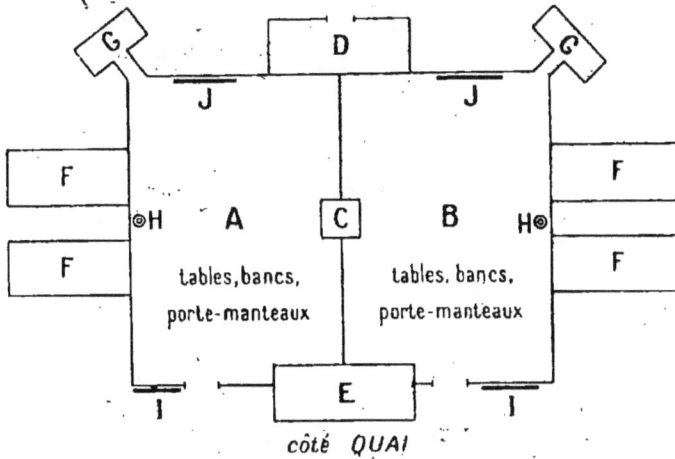

côté QUAI

SCHÉMA

DE L'ORGANISATION D'UNE GARE DE BIFURCATION.

A. Abri des permissionnaires à destination de X.

B. Abri des permissionnaires à destination de Y.

C. Bureau de tabac. — Journaux.

D. Petite coopérative (sans vin).

E. Cantine charitable.

F. Locaux de couchage.

G. Latrines et urinoirs.

H. Poste d'eau potable.

I. Pancartes indicatrices lumineuses la nuit.

J. Tableaux de renseignements.

PLANCHE III.

SCHEMA

DE L'ORGANISATION D'UNE GARE D'EMBARQUEMENT
ET DE DÉBARQUEMENT.

A. Abri ouvert (tables, bancs, portemanteaux).

B. Local de couchage.

C. Poste d'eau potable.

D. Petite coopérative (pas de vin).

E. Latrines ou feuillées.

X, Y, Z, etc. Places de rassemblement au retour, par destinations, avec pancartes indicatrices lumineuses la nuit.

ANNEXE A.

INSTALLATION DES COOPÉRATIVES.

ORGANISATION DE LA VENTE.

Il y a lieu de séparer la vente du vin courant, la vente du tabac et la vente des autres denrées (pain, conserves, charcuterie, fromage, fruits, vins fins, etc.).

La vente des bibelots genre souvenirs, etc., qui incite les hommes à des dépenses inutiles, est à proscrire.

1º Vente du vin courant.

Pour régulariser et limiter la vente du vin courant, on pourra avoir recours au procédé ci-après :

Aux guichets d'admission dans le camp, il est remis à chaque homme, en même temps qu'on lui rend sa permission, un jeton de carton donnant accès au local où se fait la vente du vin.

Des écriteaux recommandent aux hommes de réclamer ce jeton. La vente est limitée à un litre par jeton, au maximum, ou à moins, suivant le cas.

Elle se fait au bidon, sans fournir de récipients à l'acquéreur.

Le payement du prix se fait à l'avance, à l'entrée du local de vente (cachet PAYÉ sur le jeton).

Le vin est ensuite livré contre remise du jeton, dans la quantité autorisée.

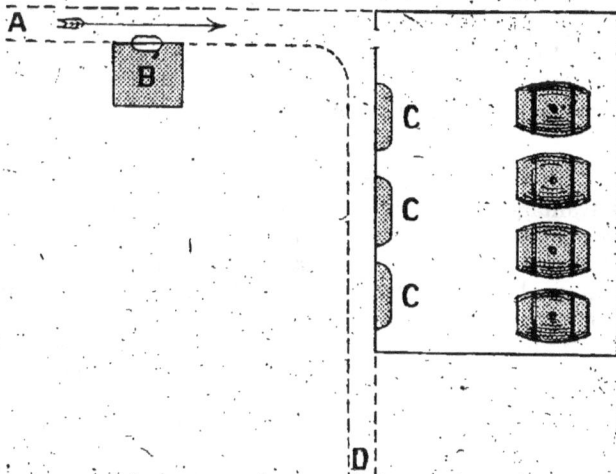

A. Accès à la vente du vin.
B. Caisse de payement (timbrage du jeton).
C. Comptoirs de livraison du vin contre remise du jeton.
D. Sortie.

2° Installation des cantines.

Pour l'installation des coopératives, on pourra s'inspirer de l'un des deux types ci-après :

A. Dans les grands camps, vente à l'extérieur avec payement comptant. Baraque à auvent débordant avec comptoir permettant par relèvement la fermeture de la baraque de l'intérieur, si utile.

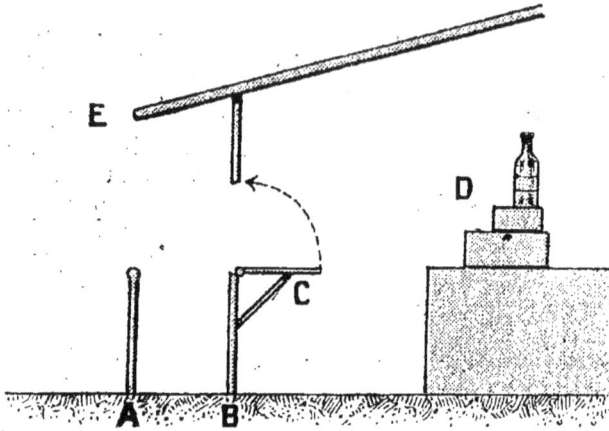

A. Barrage de régularisation d'accès.
B. Paroi extérieure.
C. Tablette fermeture.
D. Étalage.
E. Auvent abritant l'acheteur.

B. Dans les camps de dimensions moyennes, il sera très avantageux d'adopter la vente à couvert à l'intérieur de la coopérative (type Saint-Dizier).

Les hommes sont admis par petites fournées dans l'intérieur de la coopérative où, derrière un vaste comptoir, se trouve bien en vue l'étalage.

L'homme fait son choix d'articles, que le vendeur ou la vendeuse porte sur une fiche de papier en indiquant les prix et le total.

Il va ensuite payer à une caisse, où l'on porte un cachet payé sur sa fiche.

Il revient ensuite au comptoir prendre, contre remise de sa fiche, livraison de ses emplettes.

Les avantages de ce mode d'opérer, notamment au point de vue comptable, sont évidents : il évite toute erreur comme toute malversation.

Ci-après schéma indiquant comment peut se réaliser une telle installation.

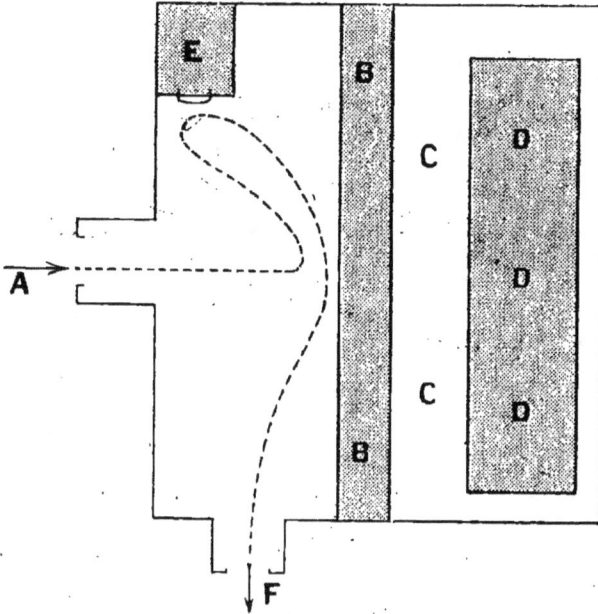

A. Entrée.
B. Comptoir de livraison.
C. Emplacement des vendeurs ou vendeuses.
D. Étalage des produits.
E. Caisse.
F. Sortie.

Dans chacune des coopératives, les prix seront naturellement affichés bien en évidence.

ANNEXE B.

INSTALLATION DES LAVABOS.

Un bon typé de lavabos est le lavabo couvert genre Vaires-Torcy.

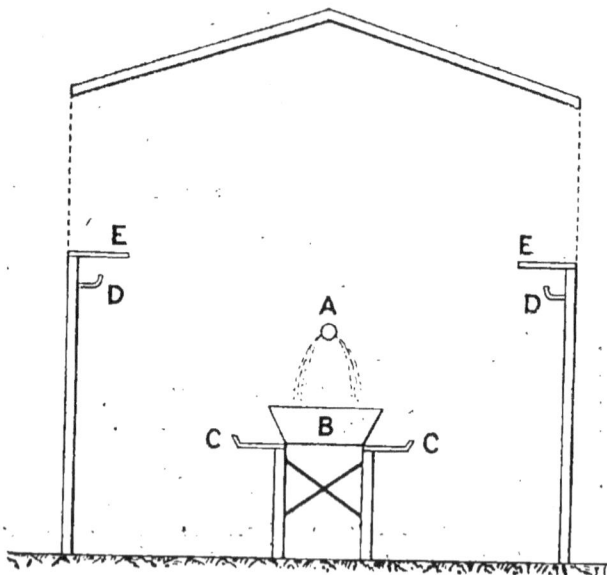

L'eau arrive par un tuyau percé de trous de o m. 75 en o m. 75 A au-dessus d'une auge B munie de planchettes à savon C.

A proximité derrière : portemanteaux D et planches à effets E.

Les lavabos doivent être larges et clos de bas-flanc à hauteur d'homme pour permettre aux soldats de se déshabiller en tant que de besoin.

POSTES DE BOISSON TYPE SAINT-DIZIER.

1. ASPECT EXTÉRIEUR.

A l'intérieur, une marmite norvégienne (récipient entouré et recouvert de grosse étoffe), où le liquide se maintient parfaitement frais.

ANNEXE C.

ORGANISATION DES FEUILLÉES.

Le type Vaires-Torcy, que décrit le schéma ci-après, semble à recommander.

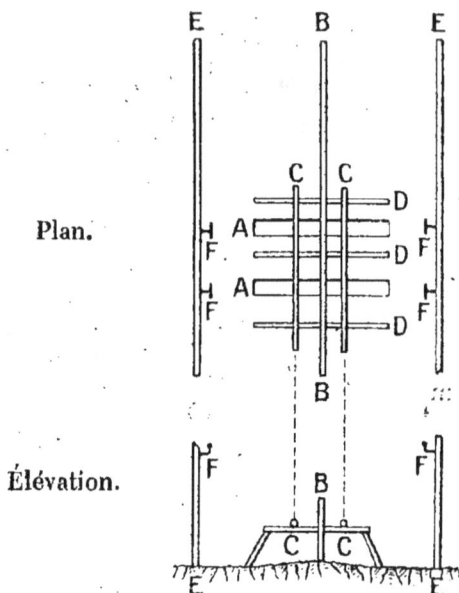

A. Fosse profonde de 2 mètres.
B. Planche de séparation protégée contre le recul exagéré par le barreau.
CC. (Rondin).
D. Accoudoirs latéraux (en rondins).
E. Écrans protecteurs munis de portemanteaux (F).

Il y a intérêt à recouvrir d'un toit les feuillées, à tous points de vue, mais il convient de mettre le toit assez haut au-dessus des bas-flancs pour qu'il reste une bonne aération.

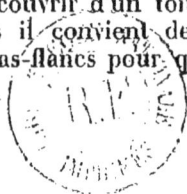

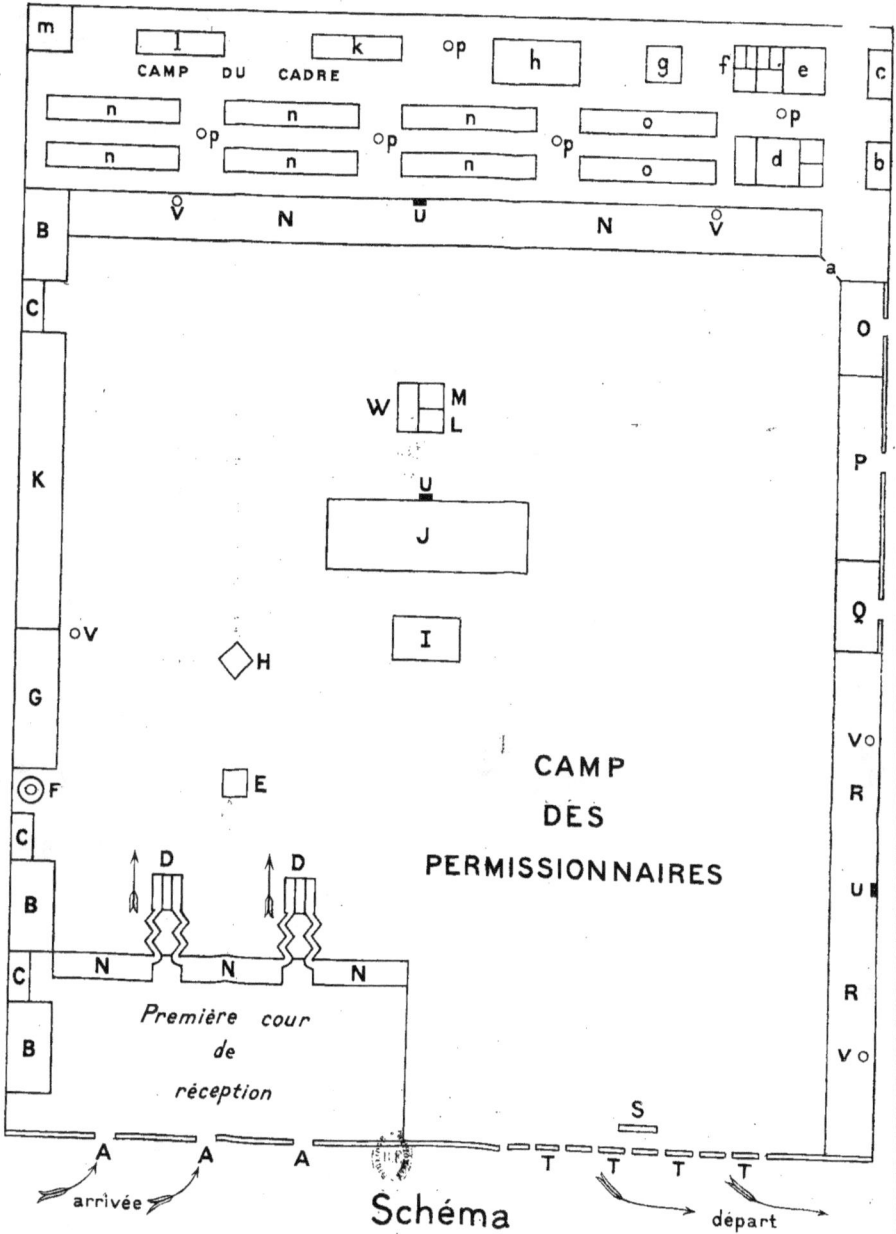

Sens des vents dominants

Schéma
de l'organisation d'un camp de permissionnaires
avec camp du cadre

Echelle 1 : 1.000

CAMP DES PERMISSIONNAIRES

Première cour de réception

arrivée

départ

CAMP DU CADRE

LÉGENDES.			
CAMP DES PERMISSIONNAIRES.	E. Four crématoire.	o. Magasin de la coopérative.	**CAMP DU CADRE.**
	G. Lavabos.	P. Vente des denrées.	
A. Entrées.	H. Kiosque d'affichage des horaires.	Q. Vente du vin.	a. Entrée.
B. Feuillées.	I. Cantine charitable.	R. Abri-réfectoire.	b. Bureau des officiers.
C. Urinoirs.	J. Salle de distractions.	S. Tableau d'appel.	c. Logement des officiers.
D. Guichets d'admission.	K. Locaux de couchage.	T. Guichets de sortie.	d. Infirmerie, salle de visite, salle de pansement, installation d'épouillage.
E. Guichet de renseignements complémentaires.	L. Bureau de tabac, journaux.	U. Boîte aux lettres.	e. Poste de police.
	M. Télégraphe.	V. Eau potable.	f. Prison et cellules.
	N. Abris ouverts.	W. Salon de coiffure.	g. Pompe à incendie.
			h. Bureaux et magasins divers.
			k. Cuisines.
			l. Lavabos.
			m. Feuillées et urinoirs.
			n. Camp de logement du cadre.
			o. Réfectoires.
			p. Poste d'eau.

www.ingramcontent.com/pod-product-compliance
Lightning Source LLC
Chambersburg PA
CBHW070747280326
41934CB00011B/2835